LÍNGUA PORTUGUESA

CADERNO DE ATIVIDADES

2

William CEREJA
Professor graduado em Português e Linguística e licenciado em Português pela Universidade de São Paulo (USP)
Mestre em Teoria Literária pela Universidade de São Paulo (USP)
Doutor em Linguística Aplicada e Análise do Discurso pela Pontifícia Universidade Católica de São Paulo (PUC-SP)
Professor da rede particular de ensino em São Paulo, capital

Carolina Dias VIANNA
Professora graduada e licenciada em Português pela Universidade Estadual de Campinas (Unicamp-SP)
Mestra em Linguística Aplicada pela Universidade Estadual de Campinas (Unicamp-SP)
Doutora em Linguística Aplicada pela Universidade Estadual de Campinas (Unicamp-SP)
Professora das redes pública e particular de ensino em São Paulo e Minas Gerais

Paula BARACAT De Grande
Graduada e licenciada em Letras pela Universidade Estadual de Campinas (Unicamp-SP)
Mestra em Linguística Aplicada pela Universidade Estadual de Campinas (Unicamp-SP)
Doutora em Linguística Aplicada pela Universidade Estadual de Campinas (Unicamp-SP)
Professora no ensino básico e no ensino superior em São Paulo e no Paraná

CB025942

Editora Saraiva

Presidência: Mario Ghio Júnior

Vice-presidência de educação digital: Camila Montero Vaz Cardoso

Direção editorial: Lidiane Vivaldini Olo

**Gerência de conteúdo e design educacional –
Soluções completas:** Viviane Carpegiani

Edição: Fernanda Vilany, Mônica Rodrigues de Lima e
Paula Junqueira

Preparação de texto: Noé Gonçalves Ribeiro

Planejamento e controle de produção: Flávio Matuguma (ger.),
Juliana Batista (coord.), Vivian Mendes (analista) e Suelen Ramos (analista)

Revisão: Letícia Pieroni (coord.), Aline Cristina Vieira, Anna Clara
Razvickas, Brenda T. M. Morais, Carla Bertinato, Daniela Lima,
Danielle Modesto, Diego Carbone, Kátia S. Lopes Godoi, Lilian M.
Kumai, Malvina Tomáz, Marília H. Lima, Paula Rubia Baltazar,
Paula Teixeira, Raquel A. Taveira, Ricardo Miyake, Shirley Figueiredo
Ayres, Tayra Alfonso e Thaíse Rodrigues

Arte: Fernanda Costa da Silva (ger.), Catherine Saori Ishihara (coord.),
Meyre Diniz e Veronica Yuri Onuki (edição de arte)

Diagramação: Arte4

Iconografia e tratamento de imagem: Roberta Bento (ger.),
Claudia Bertolazzi (coord.), Cristina Akisino (pesquisa iconográfica) e
Fernanda Crevin (tratamento de imagens)

Licenciamento de conteúdos de terceiros: Roberta Bento (ger.),
Jenis Oh (coord.), Liliane Rodrigues e
Raísa Maris Reina (analistas de licenciamento), Cristina Akisino

Ilustrações: Alexandre Matos, Biry Sarkis, David Martins,
Felipe Câmelo, Giz de Cera, Ilustra Cartoon,
Petra Eister e Roberto Weigand

Design: Erik Taketa (coord.) e Talita Guedes da Silva (proj. gráfico e capa)

Todos os direitos reservados por Somos Sistemas de Ensino S.A.

Avenida Paulista, 901, 6º andar – Bela Vista

São Paulo – SP – CEP 01310-200

http://www.somoseducacao.com.br

Dados Internacionais de Catalogação na Publicação (CIP)

```
Cereja, William Roberto
    Língua portuguesa : caderno de atividades 2 / William
Roberto Cereja, Carolina Dias Vianna, Paula Baracat De
Grande. — 1. ed. - São Paulo : Atual, 2021.


    ISBN 978-85-5769-244-2 (aluno)
    ISBN 978-85-5769-249-7 (professor)


    1. Língua portuguesa (Ensino fundamental) I. Título II.
Vianna, Carolina Dias III. De Grande, Paula Baracat

21-1311                                        CDD 372.6
```

Angélica Ilacqua – Bibliotecária – CRB-8/7057

2021

1ª edição

1ª impressão

De acordo com a BNCC.

Impressão e acabamento: Bercrom Gráfica e Editora

Uma publicação

APRESENTAÇÃO

PREZADO ESTUDANTE:

NESTE CADERNO DE ATIVIDADES, VOCÊ VAI ENCONTRAR UM CONJUNTO DE ATIVIDADES RELACIONADAS À LÍNGUA PORTUGUESA. SÃO EXERCÍCIOS, BRINCADEIRAS E JOGOS DE DIFERENTES TIPOS, TODOS COM A FINALIDADE DE DESENVOLVER OU APROFUNDAR SEUS CONHECIMENTOS SOBRE A LÍNGUA DE MANEIRA DIVERTIDA. POR MEIO DELES, ESPERAMOS QUE VOCÊ APRIMORE SUA CAPACIDADE DE LER E DE ESCREVER PALAVRAS E TEXTOS COM AUTONOMIA.

HÁ ATIVIDADES ELABORADAS COM BASE EM TEXTOS VARIADOS, COMO POEMAS, CANTIGAS, PARLENDAS, QUADRINHAS, CORDEL, FÁBULAS, CONTOS, HISTÓRIAS EM QUADRINHO, PINTURA, FOTOGRAFIA, ANEDOTAS, TEXTOS DE JORNAL, TEXTOS QUE CIRCULAM NA INTERNET E MUITOS OUTROS. E TAMBÉM CRUZADINHAS, ADIVINHAS E MUITOS OUTROS JOGOS.

SE TIVER DIFICULDADE PARA LER OU COMPREENDER ALGUM TEXTO, PEÇA AJUDA AO PROFESSOR. EM CASA, PEÇA AJUDA A UM ADULTO OU A UM IRMÃO OU IRMÃ MAIS VELHOS.

LEIA OS TEXTOS COM CALMA, PROCURANDO COMPREENDER AS IDEIAS FUNDAMENTAIS. SE FOR UMA HISTÓRIA, PRESTE ATENÇÃO NOS PERSONAGENS, NO LUGAR EM QUE OCORREM OS FATOS, NOS DIÁLOGOS, NA TRAMA DA HISTÓRIA... SE FOR UM POEMA, PRESTE ATENÇÃO NO RITMO, NAS RIMAS, NAS IMAGENS E NA SONORIDADE.

CASO TENHA DIFICULDADE PARA SABER OS SENTIDOS OU A GRAFIA DE UMA PALAVRA, CONSULTE SEMPRE UM DICIONÁRIO.

FAÇA AS ATIVIDADES COM CUIDADO E ATENÇÃO. VOCÊ VERÁ QUE, AO LONGO DO ANO, VAI SE SENTIR CADA VEZ MAIS CONFIANTE EM RELAÇÃO ÀS DIVERSAS POSSIBILIDADES DE USO DA LÍNGUA PORTUGUESA.

UM ABRAÇO,
OS AUTORES

SUMÁRIO

UNIDADE 1

CAPÍTULO 1 — O ALFABETO, AS VOGAIS E AS CONSOANTES 5

CAPÍTULO 2 — GENTILEZA E EDUCAÇÃO PELA LINGUAGEM — TIPOS DE LETRA 11

CAPÍTULO 3 — EXPRESSÕES DA NOSSA LÍNGUA — FORMANDO PALAVRAS 19

UNIDADE 2

CAPÍTULO 1 — A SÍLABA 25

CAPÍTULO 2 — AS ONOMATOPEIAS — EMPREGO DE **P, B, T, D, C, G**. 31

CAPÍTULO 3 — SINÔNIMOS E ANTÔNIMOS — EMPREGO DE **H, CH, LH, NH**. 39

UNIDADE 3

CAPÍTULO 1 — EMPREGO DE **X** E **CH** 46

CAPÍTULO 2 — O SUBSTANTIVO — EMPREGO DE **CA, CO, CU, QUE, QUI** E **GA, GO, GU, GUE, GUI** 53

CAPÍTULO 3 — FLEXÃO DOS NOMES — AUMENTATIVO E DIMINUTIVO — EMPREGO DE **M** E **N** ANTES DE
OUTRAS CONSOANTES — EMPREGO DO **TIL**. 61

UNIDADE 4

CAPÍTULO 1 — EMPREGO DE **E/I** E **O/U** NO FINAL DE PALAVRAS 67

CAPÍTULO 2 — O PARÁGRAFO E O TRAVESSÃO EM DIÁLOGOS — EMPREGO DE **S/SS** 75

CAPÍTULO 3 — VARIEDADES LINGUÍSTICAS — EMPREGO DE **R/RR**. 84

UNIDADE 1

CAPÍTULO 1 – O ALFABETO, AS VOGAIS E AS CONSOANTES

Leia o poema a seguir, com o auxílio de um adulto.

PINGO DE FLOR QUER
MANTEIGA NO PÃO,
MAÇÃ, MELANCIA, MAMÃO.
CUIDADO, PINGO DE FLOR!
ASSIM VOCÊ PODE TER
UMA GRANDE INDIGESTÃO!

(Mary França e Eliardo França. *Alfabeto dos pingos*. São Paulo: Ática, 2000.)

1 Faça um círculo nas coisas que Pingo de Flor quer comer.

2 Complete o quadro indicando quantas vogais e quantas consoantes têm as seguintes palavras do poema.

PALAVRAS	VOGAIS	CONSOANTES
PINGO		
FLOR		
MANTEIGA		
MELANCIA		

5

a) Que palavras têm mais consoantes?

b) Que palavras têm menos consoantes?

c) Qual é a palavra que tem menos vogais?

3 Troque a consoante da palavra **PÃO** para formar palavras novas. Escreva:

C

CH

M + ÃO =

N

V

4 Agora descubra que palavras podem ser formadas com a palavra **LER**:

a) trocando a primeira consoante por outra consoante

b) trocando a vogal

c) trocando a segunda consoante por uma vogal

5 Você sabe pôr os nomes de seus colegas em uma agenda telefônica? É necessário seguir a ordem alfabética da primeira letra de cada nome.

Escreva em ordem alfabética os seguintes nomes. O primeiro já está na lista.

TIAGO	RODRIGO	ALINE
GABRIELA	MARIANA	CARLOS

ALINE _____ 3712-2267

_____ 3712-5543

_____ 3712-9949

_____ 3712-4876

_____ 3712-1113

_____ 3712-4498

David Martins/Arquivo da editora

6 Releia os nomes que você escreveu na questão anterior.

a) Qual vogal não aparece em nenhum desses nomes? Escreva:

b) Qual vogal não aparece somente em um desses nomes? Escreva a vogal e o nome em que ela não aparece.

c) Vamos formar outros nomes a partir desses? Siga as instruções e escreva o nome formado:

TIAGO – T =

MARIANA – NA =

MARIANA – MARI =

GABRIELA – A =

7 Leia os poemas a seguir e descubra quais letras completam as lacunas.

"FOGO", "FAGULHA", "FORNALHA"

SE ESCREVEM TODOS COM _____.

MAS "FRIO" TAMBÉM! UMA FALHA

DO ALFABETO? E "FALHA" É COM _____...

SE VOCÊ GOSTA DO _____

APRENDA O IDIOMA DOS ÍNDIOS

E DIGA DEPRESSA: IGARA,

INÚBIA, ITAQUAQUECETUBA.

(José Paulo Paes. *Uma letra puxa a outra*. São Paulo: Companhia das Letrinhas, 1992.)

a) Qual delas é uma vogal e qual delas é uma consoante?

_____

b) Escreva o nome de cada uma das figuras a seguir e faça um círculo no elemento intruso, que não começa com uma das letras descobertas por você nos poemas.

c) Agora escreva o nome de cada uma das figuras a seguir e faça um círculo no único elemento que começa com uma das letras descobertas por você nos poemas.

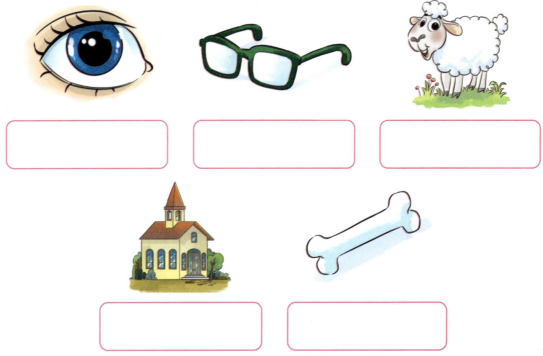

8 Veja, a seguir, os nomes de alguns instrumentos musicais pouco conhecidos.

| BANDOLIM | FAGOTE | CLARINETE | ATABAQUE |

a) Coloque esses nomes em ordem alfabética.

_____

b) Agora descubra quais são esses instrumentos desvendando os enigmas.

CAPÍTULO 2 – GENTILEZA E EDUCAÇÃO PELA LINGUAGEM – TIPOS DE LETRA

Você já deve conhecer o Menino Maluquinho, personagem de Ziraldo. Com o auxílio de um adulto, leia esta história em quadrinhos:

Trabalho em equipe

(*Curta o Menino Maluquinho 2*. São Paulo: Globo, 2007. p. 41.)

1. No 1º quadrinho, do que Julieta reclama?

_____

_____

2 O Menino Maluquinho diz que, na casa dele, todos trabalham.

Ligue com um traço o que cada membro da família faz:

PAI

MÃE

AVÓ

FAZ AS COMPRAS

LAVA A LOUÇA

PASSA A ROUPA

3 Na história, foram usados dois tipos de letra. Alguns quadrinhos apresentam apenas letra de fôrma maiúscula, e outros apresentam letras maiúsculas e minúsculas.

© Ziraldo Alves Pinto/Acervo do cartunista

a) Em quais quadrinhos há apenas letras de fôrma maiúsculas?

_____

_____

b) Em qual quadrinho foram empregadas letras de fôrma maiúsculas e minúsculas?

_____

4 Por que as palavras **Eu** e **É** apresentam letras maiúsculas no último quadrinho? Marque um X na resposta correta:

◯ Porque são nomes próprios (de pessoa ou lugar).

◯ Porque começam uma frase.

5 Associe as palavras da história em quadrinhos:

MAMÃE		roupa
LOUÇA		vovó
ROUPA		mamãe
VOVÓ		louça

6 A palavra **saco**, usada por Julieta no 1º quadrinho:

○ é uma forma gentil e educada de demonstrar impaciência e chateação.

○ é uma forma grosseira e indelicada de demonstrar impaciência e chateação.

7 A mãe de Lucas pediu ao filho que fosse ao mercado ao lado da casa deles para comprar algumas mercadorias. Ela deu esta lista para o menino:

5 pães
1 pacote de macarrão
2 litros de leite
1 dúzia de ovos
1 quilo de tomate

a) Marque um X na ilustração que não corresponde ao que a mãe de Lucas pediu:

b) Escreva com letra cursiva o nome do produto que você marcou.

_____

8 A professora do 2º ano mandou pela agenda dos alunos um recado para as mães. Leia-o com a ajuda de um adulto.

Mãe,

Amanhã é dia de natação. A criança deve trazer touca, maiô ou *short* e toalha.

Professora Meire

Escreva o nome da professora que enviou o bilhete. _____

CADERNO DE ATIVIDADES

9 Escreva com letras minúsculas o nome destes trajes de natação:

Ilustrações: David Martins/Arquivo da editora

_____   _____   _____

10 O que mais a professora pediu às crianças?

Escreva com letra cursiva: _____

11 Para demonstrar educação e gentileza, no recado da atividade 8 poderiam ser utilizadas as expressões:

◯ por favor   ◯ silêncio   ◯ obrigada

Leia este cartaz com a ajuda do professor e dos colegas:

Governo Federal/Ministério da Saúde

(Disponível em: http://www.blog.saude.gov.br/index.php/geral/35545-campanha-de-vacinacaocontra-a-gripe-e-prorrogada-ate-05-de-junho. Acesso em: 8/1/2021.)

15

12 A vacina é para combater:

◯ sarampo   ◯ dengue   ◯ gripe

13 A campanha da vacina foi **prorrogada**. O que quer dizer **prorrogada**?
Marque um X na resposta correta:

◯ interrompida   ◯ prolongada   ◯ iniciada

14 Marque, no calendário, qual foi o último dia da campanha:

2022

Janeiro
Dom	Seg	Ter	Qua	Qui	Sex	Sáb
						1
2	3	4	5	6	7	8
9	10	11	12	13	14	15
16	17	18	19	20	21	22
23	24	25	26	27	28	29
30	31					

Fevereiro
Dom	Seg	Ter	Qua	Qui	Sex	Sáb
		1	2	3	4	5
6	7	8	9	10	11	12
13	14	15	16	17	18	19
20	21	22	23	24	25	26
27	28					

Março
Dom	Seg	Ter	Qua	Qui	Sex	Sáb
		1	2	3	4	5
6	7	8	9	10	11	12
13	14	15	16	17	18	19
20	21	22	23	24	25	26
27	28	29	30	31		

Abril
Dom	Seg	Ter	Qua	Qui	Sex	Sáb
					1	2
3	4	5	6	7	8	9
10	11	12	13	14	15	16
17	18	19	20	21	22	23
24	25	26	27	28	29	30

Maio
Dom	Seg	Ter	Qua	Qui	Sex	Sáb
1	2	3	4	5	6	7
8	9	10	11	12	13	14
15	16	17	18	19	20	21
22	23	24	25	26	27	28
29	30	31				

Junho
Dom	Seg	Ter	Qua	Qui	Sex	Sáb
			1	2	3	4
5	6	7	8	9	10	11
12	13	14	15	16	17	18
19	20	21	22	23	24	25
26	27	28	29	30		

Julho
Dom	Seg	Ter	Qua	Qui	Sex	Sáb
					1	2
3	4	5	6	7	8	9
10	11	12	13	14	15	16
17	18	19	20	21	22	23
24	25	26	27	28	29	30
31						

Agosto
Dom	Seg	Ter	Qua	Qui	Sex	Sáb
	1	2	3	4	5	6
7	8	9	10	11	12	13
14	15	16	17	18	19	20
21	22	23	24	25	26	27
28	29	30	31			

Setembro
Dom	Seg	Ter	Qua	Qui	Sex	Sáb
				1	2	3
4	5	6	7	8	9	10
11	12	13	14	15	16	17
18	19	20	21	22	23	24
25	26	27	28	29	30	

Outubro
Dom	Seg	Ter	Qua	Qui	Sex	Sáb
						1
2	3	4	5	6	7	8
9	10	11	12	13	14	15
16	17	18	19	20	21	22
23	24	25	26	27	28	29
30	31					

Novembro
Dom	Seg	Ter	Qua	Qui	Sex	Sáb
		1	2	3	4	5
6	7	8	9	10	11	12
13	14	15	16	17	18	19
20	21	22	23	24	25	26
27	28	29	30			

Dezembro
Dom	Seg	Ter	Qua	Qui	Sex	Sáb
				1	2	3
4	5	6	7	8	9	10
11	12	13	14	15	16	17
18	19	20	21	22	23	24
25	26	27	28	29	30	31

Ilustra Cartoon/Arquivo da editora

15 Reescreva com letra cursiva esta frase do texto:

VACINAR É PROTEGER

_____

16 Escreva com letra cursiva estas palavras do texto:

junho: [ ]   gripe: [ ]

campanha: [ ]   foi: [ ]

Com o auxílio de um adulto, leia o poema que segue, de Elias José.

Quadrilha

O cravo, todo prosa,
Brigou com a rosa
Por causa da violeta.

A violeta, viúva tristonha,
Ficou risonha, mas não quis
Fazer a rosa infeliz.

O cravo, todo prosa,
Voltou pra rosa cheio de lero.
Mas a rosa, tão formosa,
Disse: — Agora eu quero,
Uma flor mais cheirosa
E mais a fim de mim.
Agora, eu quero o jasmim.

Roberto Weigand/Arquivo da editora

(*Forrobodó no forró*. São Paulo: Mercuryo, 2006. p. 28.)

CADERNO DE ATIVIDADES

17 Como se chama a pessoa que escreve poemas?

_____

18 Um poema é feito com versos. Cada linha do poema é um verso. Conte: Quantos versos o poema "Quadrilha" tem?

_____

19 Alguns poemas têm rimas, outros não.

a) Escreva as palavras que rimam com **prosa**.

_____

_____

b) Escreva a palavra que rima com **quis**.

_____

c) Escreva a palavra que rima com **lero**.

_____

d) Escreva a palavra que rima com **mim**.

_____

20 O poema foi inspirado em uma cantiga de roda. Escreva o nome da cantiga.

_____

_____

_____

CAPÍTULO 3 – EXPRESSÕES DA NOSSA LÍNGUA – FORMANDO PALAVRAS

Você conhece as trovinhas abaixo? Leia-as, com o auxílio de um adulto.

Eu sou pequenininha
Do tamanho de um botão.
Carrego papai no bolso
E mamãe no coração.

Batatinha quando nasce,
Esparrama pelo chão.
A menina quando dorme,
Põe a mão no coração.

Atirei um limão n'água
De pesado foi ao fundo.
Os peixinhos exclamaram:
Viva Dom Pedro Segundo!

(Domínio público.)

1 Escreva o nome do seu pai no bolso e o da sua mãe no coração ou de outras pessoas de sua família:

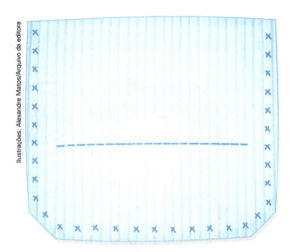
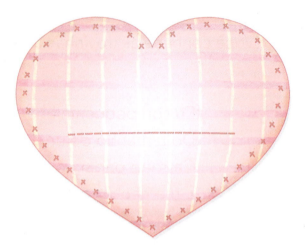

2 Circule a palavra que, na primeira trovinha, rima com **BOTÃO**:

PEQUENININHA

BOLSO

CORAÇÃO

3 Circule a palavra que, na segunda trovinha, rima com **CHÃO**:

CORAÇÃO

DORME

NASCE

4 Circule a palavra que, na terceira trovinha, rima com **FUNDO**:

ÁGUA

EXCLAMARAM

SEGUNDO

Você conhece o gato Gaturro e a gatinha Ágata? São personagens do quadrinista argentino Nik. Leia a história em quadrinhos a seguir, com a ajuda de um adulto.

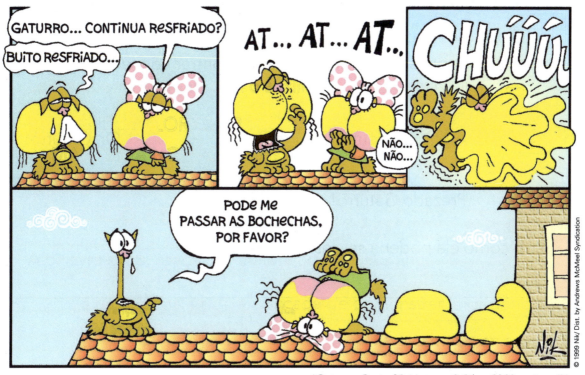

(*Gaturro*. Cotia-SP: Vergara & Riba, 2008. v. 1, p. 5.)

5 Gaturro diz que está "buito resfriado". Por que o autor da tira escreveu **buito** em vez de **muito**?

○ Porque ele queria imitar como os gatos falam e a voz dos bichos é diferente da voz das pessoas.

○ Porque algumas pessoas, quando estão muito resfriadas, ficam fanhosas e falam desse jeito.

6 Ao espirrar, Gaturro perde as bochechas. Ele diz para Ágata: "Pode me passar as bochechas, por favor?".

a) Esse jeito de fazer um pedido é educado ou é sem educação?

Escreva: _____

b) Que palavras usadas por Gaturro dão essa impressão?

Escreva: _____

c) Caso Ágata devolva as bochechas para Gaturro, o que ele deverá dizer, para ser educado?

Escreva: _____

d) Gaturro e Ágata são amigos. Como ela poderia cumprimentá-lo em uma conversa do dia a dia, ao encontrar com ele passeando pelo telhado?

◯ Atenciosamente, Gaturro!　　　　◯ Oi, Gaturro!

◯ Prezado Gaturro!

e) E como ela poderia se despedir dele?

_____

Leia este poema:

PASSARINHO

UM BREVE VOO,

UM PULINHO,

DO NINHO PRO GALHO,

DO GALHO PRO NINHO.

UM LEVE BATER DE ASAS,

ASSIM

DANÇA O PASSARINHO,

AO SOM DA FLAUTA DOCE,

DA DOCE SINFONIA

 QUE ELE MESMO COMPÕE,

QUE ELE MESMO ASSOVIA.

(Hardy Guedes Alcoforado Filho. *O bailado*. São Paulo: Scipione, 2007. p. 24.)

7 O poema fala do voo do passarinho.

a) O passarinho voa:

◯ dentro da gaiola   ◯ entre os prédios

◯ entre o ninho e o galho

b) O voo do passarinho se parece com o quê? Circule:

uma onda   uma dança   uma música

c) Quem compôs a música que ele dança?

_____

8 A melodia do canto do passarinho é comparada ao som:

◯ do violino   ◯ da flauta   ◯ do violão

9 Escreva as palavras que rimam com:

pulinho: [   ]   sinfonia: [   ]

10 Observe a palavra **ASAS**.

a) Quantas letras ela tem?

_____

b) E quantas consoantes ela tem?

_____

c) E quantas vogais?

_____

CADERNO DE ATIVIDADES

23

11 Que nova palavra podemos formar se pusermos as duas letras **S** juntas? Escreva-a:

12 Forme palavras ordenando as sílabas. Dica: todas as palavras começam com **D** ou **T**.

MAN – TA – CO	
DU – TA – RA – DEN	
TE – EN – DO	
NO – CA – TU	
LE – DES – FI	
MA – TO – DA	

UNIDADE 2

CAPÍTULO 1 – A SÍLABA

O Menino Maluquinho, personagem de Ziraldo, não perde uma boa oportunidade para chamar os amigos e se divertir com eles. Leia esta história em quadrinhos:

Boa oportunidade

(*Curta o Menino Maluquinho*. São Paulo: Globo, 2007. p. 40.)

1 O Menino Maluquinho convida os amigos para irem até a casa dele. Eles estranham porque terão de tirar os sapatos para entrar.

a) Bocão pergunta se o amigo tinha virado japonês porque:

○ é uma brincadeira japonesa.

○ no Japão, o hábito de tirar os sapatos para entrar em casa é comum.

b) Junim pergunta ao Menino Maluquinho se ele tinha virado "mauricinho" porque:

○ o Menino Maluquinho estava bem-vestido.

○ o Menino Maluquinho está cheio de exigências, de cuidados.

c) Qual é o verdadeiro motivo de o Menino Maluquinho pedir aos colegas que tirem os sapatos?

_____

_____

_____

2 O título da história é "BOA OPORTUNIDADE".

a) Quantas vogais tem a palavra **BOA**?

_____

b) E quantas vogais tem a palavra **OPORTUNIDADE**?

_____

3 Divida em sílabas:

a) a palavra **BOA**. _____

b) a palavra **OPORTUNIDADE**. _____

4 Destaque dessas palavras:

a) uma sílaba que seja composta de apenas uma vogal: _____

b) uma sílaba que seja composta de consoante + vogal:

_____

c) uma sílaba que seja composta de consoante + vogal + consoante:

_____

5 No último quadrinho, o autor empregou a palavra **TSHHHH...** Que tipo de som ela sugere na situação?

_____

_____

_____

Leia este poema com o auxílio de um adulto:

Roberto Weigand/Arquivo da editora

A palavra **amigo**
Abre-se com a gente
E sabe escutar e guardar
Queixas e segredos.
Chora a dor que é nossa,

Faz festa na nossa alegria.
O mundo seria mínimo
E sem a menor graça,
Se não existisse a luz
Da palavra **amigo**.

(Elias José. *Pequeno dicionário poético-humorístico ilustrado*. São Paulo: Paulinas, 2006. p. 16.)

6 Pronuncie em voz alta a palavra **amigo**, separando-a em sílabas. Depois, responda:

a) Quantas vogais ela tem?

_____

b) Quantas sílabas ela tem?

_____

c) Qual é a sílaba formada por apenas uma vogal?

_____

7 A maioria das sílabas da nossa língua é formada por uma consoante mais uma vogal, como em **MI** e **GO**, da palavra **amigo**, mas pode haver outras combinações. Observe estas palavras:

ABRE   ESCUTAR   GUARDAR

Identifique uma sílaba formada por:

a) consoante + consoante + vogal: _____

b) vogal + consoante: _____

c) consoante + vogal + consoante: _____

d) consoante + vogal + vogal + consoante: _____

8 Leia estas palavras dos versos de Elias José:

PALAVRA	GUARDAR	DOR
NOSSA	FAZ	FESTA
ALEGRIA	COM	SEGREDOS

Lembrando que em cada sílaba sempre há pelo menos uma vogal, agrupe as palavras do painel pelo número de sílabas.

Palavras com 1 sílaba	Palavras com 2 sílabas	Palavras com 3 sílabas	Palavras com 4 sílabas

9 Complete os nomes das figuras com as sílabas que faltam:

_____ BRA

_____ BRA

_____ LO

_____ TIA

_____ JO

_____ BACA _____

Ilustrações: Felipe Camêlo/Arquivo da editora

10 Das palavras que você completou, qual delas tem o maior número de sílabas? Escreva-a. Depois, indique o número de sílabas que ela tem.

SÍLABAS

11 Complete a cruzadinha a seguir, escrevendo as palavras na vertical. Em cada quadradinho, escreva a sílaba completa:

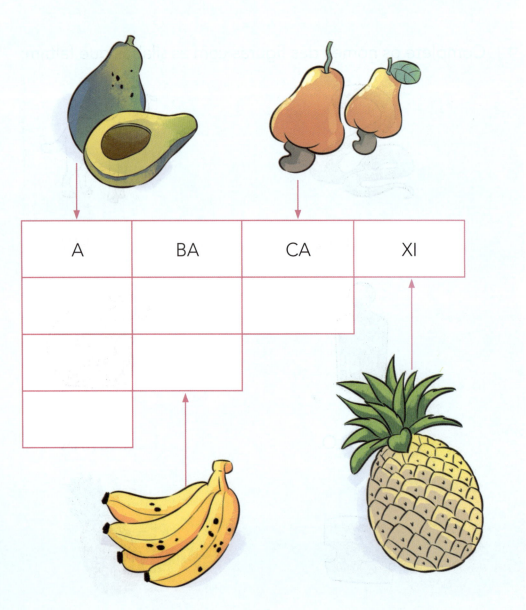

A	BA	CA	XI

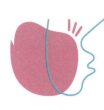

CAPÍTULO 2 – AS ONOMATOPEIAS – EMPREGO DE P, B, T, D, C, G

O gato Gaturro vive apaixonado pela gatinha Ágata, mas ela não liga para ele. Leia:

1. Gaturro toca Ágata de várias formas. Por que ele faz isso?

○ Para incomodar Ágata.

○ Para chamar a atenção dela.

2. Gaturro não entendeu o conselho que lhe deram.

a) O que quer dizer "Ter muito tato com as mulheres"?

_____

b) Como ele entendeu a frase?

_____

_____

_____

3 Para cada jeito como ele toca em Ágata, há uma **onomatopeia**, isto é, uma palavra ou expressão que imita um som. Ligue as onomatopeias ao sentido delas na história.

TIKI TIKI TIKI TIKI	Som de apertar.
TOING TOING TOING	Som de dar batidinhas.
WOP WOP WOP	Som de puxar.
PAC PAC PAC	Som de fazer cócegas.
UOOOOOH!	Som de cutucar.

Leia a letra da canção a seguir. Se necessário, peça ajuda a um adulto.

Pipoca

Pega, pega, pipoca
Pique pique, pipoca
Bang bang, pipoca
Pouco a pouco, pipoca

Corpo a corpo, pipoca
Corre corre
Reco reco
Tico tico

Taco taco
Pata a pata
Boca a boca
Oba oba

Trepa trepa
Puxa puxa
Pula pula
Esconde esconde

Ora ora
Dia a dia
Passo a passo
Cara a cara

(Paulo Tatit e Arnaldo Antunes. *In*: *Canções de brincar*.
CD produzido por Paulo Tatit e Sandra Peres, 1996.
Coleção Palavra Cantada.)

4 Aos poucos, o ritmo e os sons do poema vão ficando cada vez mais fortes. Isso lembra:

◯ o estouro da pipoca na panela.

◯ o barulho de alguém pulando.

◯ o barulho de um taco batendo.

5 Em quais palavras da primeira estrofe a letra **P** foi empregada?

6 Compare estas palavras:

PUXA   PULA

Quais são as duas letras que fazem as palavras serem diferentes? Escreva-as.

7 Observe como é escrita a palavra **PATA**.

a) Quantas letras ela tem?

b) Qual é a letra inicial dessa palavra?

c) Quantas sílabas ela tem?

Petra Elster/
Arquivo da editora

d) Que outra palavra você pode formar, se trocar a ordem das sílabas? Escreva:

8 Troque a consoante inicial da palavra **PATA** por outras consoantes e forme outras três palavras.

P	+ ATA =	PATA
	+ ATA =	
	+ ATA =	
	+ ATA =	

9 Troque a posição das letras das palavras abaixo e forme outras palavras.

BOCA _____

TACO _____

CORPO _____

10 Compare estas palavras:

P	I	P	O	C	A

B	I	B	O	C	A

35

a) Responda: O que quer dizer **BIBOCA**?

_____

b) As duas palavras têm significados parecidos? _____

c) Quais são as duas letras que fazem as palavras serem diferentes?

Escreva: _____

d) Que outras palavras terminadas em **OCA** você conhece? Escreva:

[　　] + OCA = [　　　　　　　]

[　　] + OCA = [　　　　　　　]

[　　] + OCA = [　　　　　　　]

[　　] + OCA = [　　　　　　　]

Leia com a ajuda de um adulto.

(Laerte. *Folha de S.Paulo*. Folhinha, 4/1/2014.)

11 A andorinha Lola encontrou na água uma mistura de pássaro com sereia e perguntou para ela: "Você é passereia ou sererinha?".

Veja como Lola criou a palavra **PASSEREIA**:

PÁSSARO + SEREIA = PASSEREIA

Como ela formou a palavra **SERERINHA**?

_____ + _____ = SERERINHA

12 A passereia ou sererinha ensina a Lola uma música:

ESTOURA PIPOCA
MARIA POROROCA

ESFRIA PANELA
MARIA BERINJELA

TRAZ PRA CÁ
TIRA O PIRUÁ

a) Que palavra rima com **PIPOCA**?

◯ POROROCA   ◯ BERINJELA   ◯ PIRUÁ

b) Que palavra rima com **PANELA**?

◯ POROROCA   ◯ BERINJELA   ◯ PIRUÁ

c) Que palavra rima com **CÁ**?

◯ POROROCA   ◯ BERINJELA   ◯ PIRUÁ

13) Compare estas palavras:

PIPOCA   POROROCA

a) Qual delas é maior? Escreva:

b) Quantas sílabas cada palavra tem?

PIPOCA: ☐   POROROCA: ☐

c) Quais vogais não foram empregadas em nenhuma das duas palavras?

☐ ☐

14) Observe esta palavra:

| P | A | N | E | L | A |

Forme duas palavras trocando a letra **P** por outras consoantes:

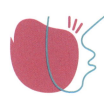

CAPÍTULO 3 – SINÔNIMOS E ANTÔNIMOS – EMPREGO DE H, CH, LH, NH

Leia esta história em quadrinhos com o personagem Gaturro.

(Nik. *Gaturro 2*. Cotia-SP: Vergara & Riba, 2008. p. 21.)

1 Gaturro está na aula de Português.

a) Que assunto a professora está ensinando?

_____

_____

_____

b) **Sinônimos** são palavras com sentidos semelhantes. Que palavras ela escreve na lousa para exemplificar os sinônimos?

_____

c) **Antônimos** são palavras de sentidos opostos. Que palavras ela escreve na lousa para exemplificar os antônimos?

_____

2 No 4º quadrinho, Gaturro não sabia o que a professora queria que ele dissesse e deu como resposta **anônimos**, isto é, pessoas que não revelam o próprio nome. A resposta de Gaturro estava certa? Por quê?

_____

_____

3 Dê um sinônimo destas palavras. Se preferir, consulte um dicionário.

a) carro:

b) cão:

c) longe:

d) percurso:

e) saboroso:

f) calmo:

4 Dê um antônimo destas palavras. Se preferir, consulte um dicionário.

a) aberto:

b) alto:

c) amor:

d) certo:

e) grosso:

f) escuro:

g) pesado:

h) gordo:

Leia esta tira:

(Alexandre Beck. *Armandinho seis*. Florianópolis: A. C. Beck, 2015. p. 31.)

5 No primeiro quadrinho, o pai de Armandinho diz que a estante ficou bem forte.

a) Que palavra seria um sinônimo de **forte** na tira?

_____

b) E qual seria o antônimo de **forte**?

_____

6 No segundo quadrinho, Armandinho diz: "Que bom!".

a) Que palavra ou expressão seria sinônima de "Que bom!"?

_____

b) E que palavra ou expressão seria sua antônima?

_____

7 No último quadrinho, Armandinho diz que a estante aguenta "escritores de peso".

a) Que palavra ou expressão poderia ser sinônima da expressão **de peso** na tira?

_____

b) Que palavra ou expressão poderia ser antônima da expressão **de peso** nessa situação?

_____

8 Como a estante é forte, a expressão **escritores de peso** dá a impressão de que:

○ a estante é pesada.

○ os escritores são gordos.

Leia o poema a seguir. Se precisar, peça auxílio a um adulto.

H

É com o **h**
Que a filha sai da fila,
Que malha sai da mala.
Com **h** a mana faz manha.

(José Paulo Paes e Kiko Farkas. *Uma letra puxa a outra*. São Paulo: Companhia das Letrinhas, 1993.)

9 Pinte todas as palavras do poema que apresentam a letra **H**.

10 Compare a grafia e o significado destas palavras:

FILA	FILHA
MALA	MALHA
MANA	MANHA

a) Quantas letras há nas palavras da coluna da esquerda?

b) E nas palavras da coluna da direita?

c) Na coluna da esquerda, a única letra que as palavras têm a mais é:

_____

11 Você já viu que a letra **H** não tem som quando está no início de palavras. Compare o som destas palavras:

FI LH A

RIA CH O

MA NH A

a) Faça um círculo na letra **H** e na consoante que vem antes dela.

b) Os grupos **LH**, **NH** e **CH** têm som? _____

c) Conclua: Quando a letra **H** se junta com as consoantes _____, _____

e _____, formam-se pares de letras que apresentam sons próprios.

12 Forme novas palavras acrescentando a letra **H**:

BOLA + H =

SONO + H =

CÁ + H =

BICO + H =

Felipe Camêlo/Arquivo da editora

13 Observe estas palavras:

Agora, reúna as palavras acima em três grupos. Em cada grupo, coloque as palavras que apresentam o mesmo som: **LH**, **NH** ou **CH**. Veja o exemplo.

LH	NH	CH
FILHA	MANHA	RIACHO

14 Observe as palavras abaixo. Em todas, há letras fora de lugar. Reescreva as palavras, colocando as letras na ordem certa.

MIHLO

NHINO

HCAVE

---

15 Leia o poema a seguir. Se precisar, peça ajuda a um adulto. Depois encaixe as palavras que estão no cesto nas lacunas do poema.

tenho   brincalhão
peixinho
chamar   mergulho

Peixinho no aquário

Eu _____ um _____ no aquário

Colorido e _____

Gira, gira

Que _____

Só pra _____ atenção.

(Da tradição popular.)

UNIDADE 3

CAPÍTULO 1 – EMPREGO DE X E CH

Leia o poema a seguir, com a ajuda do professor e dos colegas.

Papudo

O sapo papudo
diz que tá com tudo.
E abre bem o papo
e zomba do pato
e xinga de lixos
o eco do marreco
e os outros bichos.

Mas aí chega a dona sapa
fazendo "psiu" com a pata.
E o sapo papudo
vira um sapo mudo.

Biry Sarkis/Arquivo da editora

(Elias José. *Um jeito bom de brincar*. São Paulo: FTD, 2002. p. 35.)

1 O sapo papudo "diz que tá com tudo". O que quer dizer **tá com tudo**?

○ O sapo está doente.

○ O sapo é o melhor.

○ O sapo é amigo de todo o mundo.

46

CADERNO DE ATIVIDADES

2 Circule o nome do bicho que o sapo xinga:

Ilustrações: Felipe Camêlo/Arquivo da editora

MARRECO   SAPO   PATO

3 Quem dá uma bronca no sapo papudo?

_____

4 Como o sapo ficou depois da bronca?

_____

5 O título do poema é "Papudo". No texto, essa palavra tem dois sentidos. Marque-os.

◯ papo grande

◯ papo comilão

◯ aquele que fala demais e quer ser o que não é

6 Leia em voz alta estas palavras:

LIXOS   BICHOS

a) Circule a última sílaba de cada uma das palavras.

47

b) Pronuncie as sílabas que você circulou. Elas têm sons diferentes ou iguais?

_____

c) Na escrita, as sílabas que você circulou são diferentes ou iguais?

_____

7 Que outras palavras do poema também são escritas com **X** ou com **CH**? Escreva-as.

Leia o poema, com a ajuda de um adulto:

Alexandre Azevedo/Atual Editora

O JACARÉ E A LAGARTI☐A

O jacaré
É uma
La...
    gar...
        ti...
           i...
              i...
                  i...
                     i...
                        i...
                          ☐a
                             que espi☐a...

É ou não é?!

(Alexandre Azevedo. *Poeminhas animais.* São Paulo: Atual, 2008. p. 13.)

8 Duas palavras do poema estão incompletas. Escreva-as, completando-as com **X** ou com **CH**.

9 No poema, a que o jacaré é comparado? Faça um círculo em torno da palavra.

LAGARTIXA   LAGARTO

10 A palavra **lagartixa** foi escrita de forma diferente para representar uma lagartixa de que tamanho? Escreva:

11 Tente descobrir as respostas destas adivinhas:

a) Qual é a semelhança entre a bananeira e os cabelos encaracolados?

_____

b) O que é, o que é?
Cai do alto
e não se machuca.

_____

c) O que é, o que é
que gasta muito sapato,
mas não tem pés?

_____

Ilustra Cartoon/Arquivo da editora

12 Escreva o nome de cada figura. Depois, circule no diagrama as palavras que você escreveu.

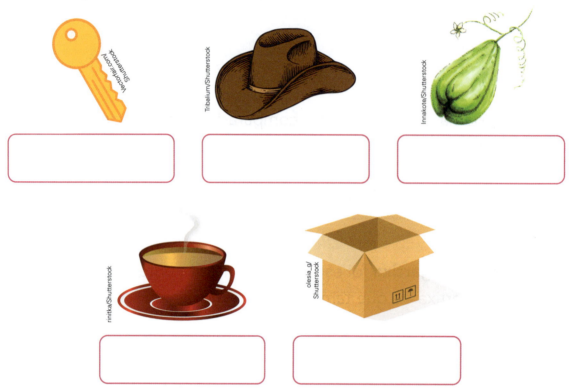

J	A	G	U	U	P	H	C	H	U	C	H	U
U	Z	K	R	H	C	A	C	H	R	E	R	Z
M	A	O	E	L	H	P	P	P	C	N	I	U
P	C	B	W	P	A	V	C	A	Y	H	W	Y
L	A	G	H	L	V	B	L	B	E	U	I	I
G	I	M	A	C	E	V	J	V	C	M	P	O
I	X	U	L	L	G	I	A	I	N	H	A	P
C	A	D	M	O	I	N	X	Í	C	A	R	A
J	P	M	P	I	O	N	I	T	H	O	I	U
C	H	A	P	É	U	M	O	C	B	I	A	I
M	B	E	P	O	N	E	N	H	P	N	I	E

13 Complete com **X** ou **CH**. Se necessário, consulte um dicionário.

Veronika_Decart/Shutterstock

- Minha cor preferida é ro_____o.

- Nós fizemos uma fa_____ina pesada na casa nova.

- As crianças adoram assistir a apresentações de fanto_____e.

- A jogadora deu um belo _____ute na bola e marcou o gol.

14 Brinque de forca com um amigo ou familiar. Dica: uma palavra tem a letra **X**, e as outras duas têm as letras **CH**.

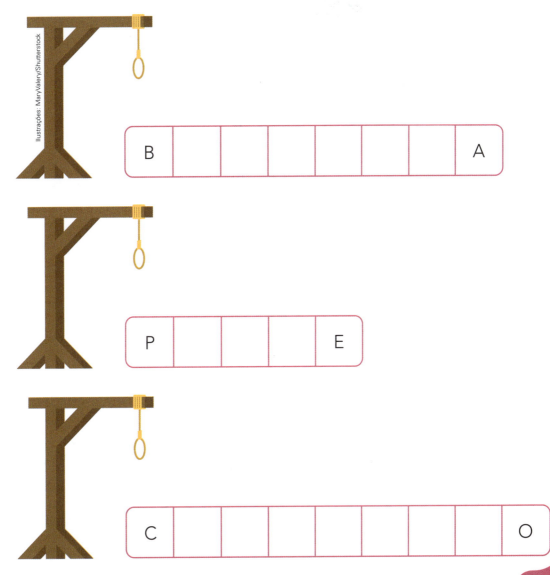

Ilustrações: MaryValery/Shutterstock

CADERNO DE ATIVIDADES

51

15 Complete a cruzadinha com palavras que têm **CH** ou **X**. Para facilitar, conte as casas de cada palavra.

1. A voz do cavalo.

2. Tábua de madeira ou outro material usada em esportes aquáticos.

3. Aquilo que se joga fora.

4. Pôr em movimento, mudar de posição.

5. Golpe dado com o pé.

6. Conjunto de abelhas de uma colmeia.

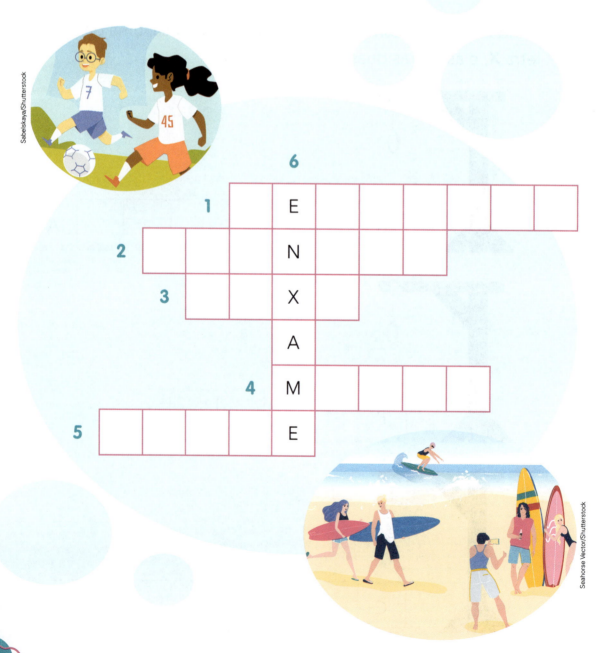

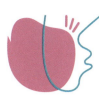

CAPÍTULO 2 – O SUBSTANTIVO – EMPREGO DE CA, CO, CU, QUE, QUI E GA, GO, GU, GUE, GUI

Leia este poema de Elias José, com a ajuda do professor e dos colegas:

CIDADE

A palavra CIDADE,

se é da gente de nascença,

ou de adoção,

é muito mais que prédios,

ruas, praças e avenidas.

É nossa casa aumentada,

feito casa de caracol,

que a gente leva por dentro

em cada canto que vai.

(*Pequeno dicionário poético-humorístico ilustrado*. São Paulo: Paulinas, 2006. p. 24.)

1 O título do poema é "Cidade". Escreva:

a) Qual é a cidade em que você nasceu?

_____

b) E qual é a cidade em que você mora hoje?

_____

c) É a mesma cidade?

_____

2 A palavra **CIDADE** e o nome da cidade em que você mora são substantivos. Complete e associe:

| cidade | | substantivo próprio |

| | | substantivo comum |

nome da sua cidade

3 Identifique substantivos usados no poema para nomear o que tem em uma cidade. Escreva:

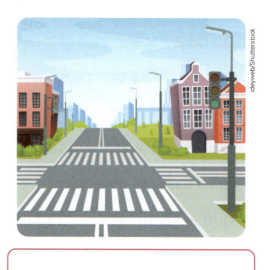

4 Para o poeta, a nossa cidade é como a nossa:

○ PRAÇA ○ RUA

○ CASA ○ AVENIDA

5 Compare as palavras **CIDADE** e **CASA**.

a) Qual é a letra que inicia as duas palavras? _____

b) Essa letra tem o mesmo som nas duas palavras? _____

6 Divida as palavras a seguir de acordo com o som da letra **C**, ligando-as à palavra **CASA** ou à palavra **CIDADE**.

COMO

CEBOLA

CASA

CUPIDO

CARTÃO

CINEMA

CIDADE

COR

CÉU

7 Fale rápido este trava-língua:

> Quem a paca cara compra,
> cara a paca pagará.

a) Qual é a palavra do trava-língua que tem o menor número de letras? Escreva:

b) Qual tem o maior número de sílabas? Escreva:

c) Escreva as palavras do trava-língua em que a letra **C** tem som de "quê".

_____

8 Forme novas palavras, colocando cedilha na letra **C**:

CACA _____   PANCA _____

CALCA _____   FORCA _____

CHOCA _____   TROCA _____

COCA _____

9 Leia estas palavras:

| QUIABO | CANA | QUEIJO | ESQUILO | COELHO |
| CEBOLA | COCO | COENTRO | CAVALO | CABRA |

Agora, separe as palavras em duas colunas:

ANIMAIS	ALIMENTOS

10 Ligue com um traço a figura ao nome.

baguete

braguilha

foguete

garrafa

guidão

açougue

gole

gorila

fogueira

11 Agora, leia as seguintes palavras.

| FOGE | GIRA | ELOGIA | AGE |

a) Quais vogais aparecem após o **G**?

_____

b) Compare as palavras que você leu com estas: **FOGUETE** e **BRAGUILHA**. O som da letra **G** é igual ou diferente?

_____

c) Na escrita, qual é a diferença entre elas?

_____

Leia este poema, de Lalau e Laurabeatriz:

Qual é o tamanho

Pulga é pequerrucha,
Grandalhão é gigante,
Mais ou menos, médio.

Gargalhada é alta,
Oceano é exagerado
Pesado, o tédio.

Perto é pequeno,
Longe é maior,
Língua, comprida.

Fininho é o pernilongo,
Muito é o sol,
Imensa, a vida.

(*Qual é que é*. São Paulo: Cortez, 2004. p. 15.)

12 Observe o título do poema. Do que o poema trata?

_____

_____

13 Que palavras diferentes das empregadas no poema você usaria para indicar o tamanho de:

a) uma girafa?

_____

b) um micróbio?

_____

14 A letra **g** pode apresentar o som "gê", como em **gelo**, ou o som "guê", como em **galo**. Observe as sílabas destacadas nestas palavras do texto:

pul**ga**	exa**ge**rado	**gi**gante
pernilon**go**	lín**gua**	gar**ga**lhada

Em quais dessas palavras a letra **g** tem o som "gê"? E o som "guê"? Responda, escrevendo as palavras no quadro a seguir.

Palavras em que a letra **g** tem o som "guê", como em **galo**	Palavras em que a letra **g** tem o som "gê", como em **gelo**

15 Se você é craque em adivinhas, então tente "matar" as seguintes.

Dica: em todas as respostas, você deverá empregar uma sílaba com a letra **g**.

a) O que é, o que é,
Que o gafanhoto traz na frente
E a pulga atrás?

_____

b) O que é, o que é,
Que, quanto mais apanha,
mais viaja,
Tem cabeça chata, é curto ou
comprido, intrometido
E só é útil depois que apanha?

_____

c) O que é, o que é,
Que se tem em casa,
Mas não se quer em casa?

_____

d) O que é, o que é,
Que a gente quer ter,
Mas não quer ver;
E quando se vê
É que vai sofrer?

_____

16 Como você estudou, chamamos de **substantivos** as palavras que servem para nomear todos os seres, objetos, acontecimentos, sentimentos. Observe sua casa, o local onde você está, as pessoas ao seu redor, e faça uma lista de substantivos! Divida-os em comuns e próprios.

Substantivos comuns	Substantivos próprios

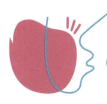

CAPÍTULO 3 – FLEXÃO DOS NOMES – AUMENTATIVO E DIMINUTIVO – EMPREGO DE M E N ANTES DE OUTRAS CONSOANTES – EMPREGO DO TIL

1 Observe estas palavras:

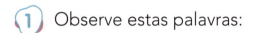

LOBO — LOBA

a) Qual delas indica um animal do sexo **masculino**?

_____

b) Qual delas indica um animal do sexo **feminino**?

_____

c) Qual é a diferença entre as palavras?

_____

2 Compare estes pares de palavras:

lobo   loba
lobos   lobas

a) Circule de azul as palavras que estão no singular, ou seja, as palavras que indicam apenas um animal.

b) Grife de vermelho as palavras que estão no plural, ou seja, as palavras que indicam mais de um animal.

c) Qual é a diferença entre as palavras que estão no singular e as palavras que estão no plural?

_____

_____

3 Observe a letra **N** nestas palavras:

lindo — linda

a) Qual é a consoante que aparece após o **N**?

b) Agora, leia em voz alta a dupla de palavras e compare-as:

lindo — lido   linda — lida

Como sai o som com o **N**: apenas pela boca ou pela boca e também pelo nariz?

_____

Leia o poema a seguir, com a ajuda do professor e dos colegas.

Belinha

Eu tenho uma cachorrinha
chamada Belinha
de pelo encaracolado,
toda branquinha.

Ela é muito sapeca.
Também é bailarina...
Pula, rosna, rodopia,
late, dança e empina.

Além de bailarina,
é também muito traquina.
Bagunça a casa toda
de cima para baixo,
de baixo para cima.

(G. Aguiar. Original cedido pela autora.)

4 Como é a cachorrinha Belinha? Marque as respostas corretas:

○ triste   ○ bailarina   ○ alegre

○ medrosa   ○ bagunceira   ○ tímida

5 Belinha também é traquina. O que quer dizer **traquina**?

○ travessa   ○ brava

6 Sobre o substantivo **cachorrinha**, responda:

a) É uma palavra feminina ou masculina? _____

b) Está no singular ou no plural? _____

c) Como esse substantivo ficaria se você alterasse as duas características dadas nas questões anteriores?

_____

7 Releia as palavras:

cachorrinha   Belinha   branquinha

a) Qual é o tamanho de Belinha? Pequena ou grande? _____

b) Qual é a terminação das palavras que fez você chegar a essa conclusão? _____

c) Se o poema falasse de um cachorro grande, ele seria tratado como? Complete: cachorr_____.

8 Se o poema fosse sobre um cachorro, como a palavra **bailarina** deveria ser escrita? Escreva: _____

9 Observe a grafia das palavras abaixo.

dança

bagunça

empina

encaracolado

branquinha

também

Ilustrações: Ilustra Cartoon/Arquivo da editora

a) Que consoantes vêm depois da letra **M**? Escreva: _____

b) Que consoantes vêm depois da letra **N**? Escreva: _____

10 Observe este outro grupo de palavras:

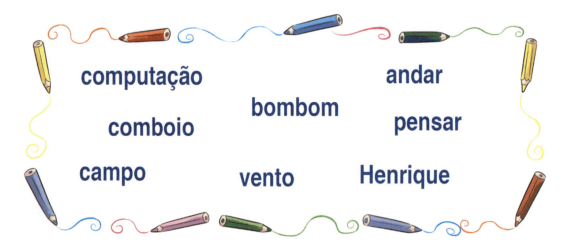

computação

andar

bombom

comboio

pensar

campo

vento

Henrique

a) Circule as consoantes que vêm depois da letra **M**.

b) Passe um traço embaixo das consoantes que vêm depois da letra **N**.

c) Como conclusão sobre o emprego de **P** e **B**, complete:

- Antes das consoantes **P** e **B**, empregamos a letra _____.

- Antes de outras consoantes, empregamos a letra _____.

11 Leia o poema a seguir. Depois, complete-o com as palavras do quadro.

Companheiros inseparáveis

Meu _____,

não corras _____,

pois fico _____ de te acompanhar.

Fica quieto, por favor,

que minha _____,

sempre comigo,

quer _____.

(Sonia Miranda. *Pra boi dormir*. Rio de Janeiro: Record, 2007. p. 56.)

| tanto | pensamento | sombra |
| descansar | cansado |

Leia este poema, com a ajuda de um adulto:

O bombeiro

Blen blen blen blen
Quem vem? Quem vem?
É o bom bombeiro
e vem ligeiro.

Alguém o chama
pra apagar a chama.
Ele vem que vem
blen blen blen blen.

(José Paulo Paes. *Poemas para brincar*. São Paulo: Ática, 2015.)

12 Qual é a profissão retratada no poema?

_____

13 O que esse profissional faz?

_____

14 Por que foi empregada a letra **M** na palavra **bombeiro**?

_____

_____

15 Escreva o nome das profissões:

- Quem cuida dos dentes _____

- Quem conserta os canos _____

- Quem faz pacotes _____

- Quem entrega _____

- Quem embala _____

- Quem planeja e constrói prédios _____

16 A borracha passou por aqui e apagou o til (~) das palavras do quadro. Coloque-o de volta na letra em que está faltando.

mao	mae	cao
caes	irma	irmao
pao	tubarao	

HADI_TRESNANTAN/Shutterstock

UNIDADE 4

CAPÍTULO 1 – EMPREGO DE E/I E O/U
NO FINAL DE PALAVRAS

Leia a tira:

(Nik. *Gaturro*. Cotia-SP: Vergara & Riba, 2008. v. 1, p. 11.)

1 Você notou que, nas falas dos personagens da tira, falta a vogal da última sílaba de algumas palavras.

a) Complete as palavras com **e** ou **i** ou com **o** ou **u**.

com☐   espert☐

Gaturr☐   hoj☐

ind☐   dever☐s

67

gat ☐   uniform ☐

sábad ☐   el ☐

b) Agora, leia em voz alta as palavras que você completou.

2 Gaturro foi levado para a escola por seu dono.

a) O que o dono acha da capacidade do gato?

_____

_____

_____

b) Em que o dono ajudou o gato?

_____

_____

_____

c) Qual é o único problema de Gaturro?

_____

_____

_____

3 Tente resolver estas adivinhas:

a) Um gato caiu no poço. Como ele saiu?

_____

b) O que é que o Brasil produz e nenhum outro país sabe fazer?

_____

c) Tem capa, mas não é super-homem; tem folha, mas não é árvore; tem orelha, mas não é gente.

_____

Leia a piadinha a seguir com a ajuda de um adulto.

A doação do Joãozinho

No parque, Joãozinho pede dinheiro à sua mãe para dar a um velhinho. A mãe, sensibilizada, dá o dinheiro, mas pergunta ao filho:

— Para qual velhinho você vai dar o dinheiro, meu anjo?

— Para aquele ali que está gritando: "Olha a pipoca quentinha!!!"

(Disponível em: http://piadasinfantis.blogspot.com/2008/09/crianas.html. Acesso em: 1/2/2021.)

4 Escreva as palavras da piadinha terminadas com a vogal **E** ou com a vogal **O**.

_____

_____

_____

5 O que acontece na história da piada que a faz ser engraçada?

_____

_____

_____

_____

6 A palavra **pede** é uma forma do verbo **pedir**. Os verbos terminados em **er** e **ir** têm formas terminadas em **e** e **i**. Compare:

> Joãozinho **pede** dinheiro à sua mãe. (**pedir**, no presente)
> Eu **pedi** dinheiro à minha mãe. (**pedir**, no passado)

Complete as frases a seguir, observando se a forma solicitada do verbo está no presente ou no passado:

a) O pai não _____ que o filho brinque com o *tablet* durante as refeições. (**permitir**, no presente)

b) Eu sempre _____ que você brincasse com seus colegas. (**permitir**, no passado)

c) Ele sempre _____ neste posto. (**abastecer**, no presente)

d) Ontem eu _____ neste posto. (**abastecer**, no passado)

e) A menina sempre _____ com seu ursinho. (**dormir**, no presente)

f) Ontem eu _____ na casa de minha avó. (**dormir**, no passado)

7 Com a ajuda de um adulto, resolva a cruzadinha. A primeira palavra já está dada.

1. Animal semelhante ao cavalo, mas geralmente menor e com orelhas mais longas.
2. Tipo de feijão.
3. Ave de rapina que se alimenta de carniça.
4. Aquilo que no ser humano é responsável pela inteligência, pelas ideias, pelo pensamento.
5. Palavra que completa este nome de filme: *Querida, _____ as crianças!*.
6. Gênero musical argentino.
7. Um dos cinco sentidos do ser humano.
8. Órgão da audição.

Leia a seguir três haicais, que são poemas de três versos:

Texto A

Três casas

☐m sopr☐, palhas a☐ vent☐

um soprão, madeiras n☐ chão

pra tijol☐s, talvez ☐m tufão.

(Edna Bueno e outros. *Haicontos de fadas*. Rio de Janeiro: Bambolê, 2017. p. 8.)

Texto B

Jogo

D☐ ☐ scond☐ - ☐ scond☐

a ad☐ v☐ nha:

quem diss☐ qu☐ essa avó é m☐ nha?

(Edna Bueno e outros. *Haicontos de fadas*. Rio de Janeiro: Bambolê, 2017. p. 9.)

Texto C

O ☐r☐ de tol☐?

A fort☐na de Joã☐

fi-fau-fo-fe-fum f☐i feita

com cinc☐ grãos.

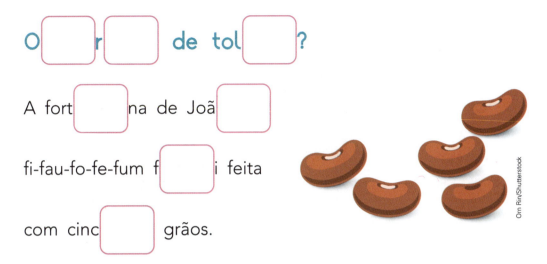

(Edna Bueno e outros. *Haicontos de fadas*.
Rio de Janeiro: Bambolê, 2017. p. 36.)

8 Complete as palavras, substituindo os quadradinhos brancos por uma das letras indicadas:

- Texto **A**: **o** ou **u**
- Texto **B**: **e** ou **i**
- Texto **C**: **o** ou **u**

9 Você deve ter percebido que esses haicais contam de um jeito diferente três contos maravilhosos muito conhecidos. Identifique cada desenho de acordo com o haicai e escreva o nome de cada um dos contos.

_____

_____

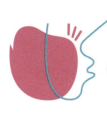

CAPÍTULO 2 – O PARÁGRAFO E O TRAVESSÃO EM DIÁLOGOS – EMPREGO DE S/SS

Leia o poema a seguir, com o auxílio do professor e dos colegas.

Pequena flor

Duas travessas abelhinhas
pousaram sobre uma flor,
recolheram todo seu néctar
zombando de sua cor.

lavendertime/Shutterstock

Veio uma borboleta branca
brincar com suas pétalas,
bateu asas com ardor
na ternura de suas **sépalas**.

Em seu terno verde
chegou o alegre beija-flor,
não resistindo aos apelos
de oferecer seu amor.

Passou o vento triste,
sem o mais leve rumor,
seguiu **altaneiro** pelas sombras
deixando-a em grande dor.

No jardim da praça da Matriz
daquela cidadezinha do interior,
sob um céu límpido e claro,
suspira uma pequena flor!

altaneiro: orgulhoso.
sépala: cada uma das partes que formam o cálice das flores.

(Vera Beatriz Sass. *Gata cigana*. Erechim: Edelbra, 1991. p. 8.)

1. Vários seres da natureza passaram pela pequena flor. Faça um círculo em torno do nome dos seres que passaram pela flor.

beija-flor   besouro   vento

borboleta   formiga   abelhinhas

2. Qual dos seres que passaram pela flor declarou seu amor por ela?

_____

3. A flor suspirou apaixonada por apenas um dos seres que passaram por ela. Qual?

_____

4. Compare estas palavras do poema:

sépalas   asas   travessas

a) Em quais dessas palavras as letras **S** e **SS** têm o som "cê"?

_____

b) Em qual dessas palavras a letra **S** tem o som "zê"? O que ocorreria com a palavra se, em vez de **S**, houvesse **SS**?

_____

_____

c) Identifique no poema outras palavras iniciadas pela letra **S** e escreva-as.

_____

5 Compare estas duas palavras:

asas   pousaram

a) Que som a letra **S** tem nessas palavras?

_____

b) A letra **S** está entre vogais ou entre consoantes?

_____

6 Forme novas palavras, acrescentando um **S** no meio delas:

ASA + S = [ ]   ACESA + S = [ ]

PRESA + S = [ ]

7 Pontue adequadamente os parágrafos a seguir usando estes sinais:

:   !   —

a) As abelhinhas zombaram da cor da flor [ ]

[ ]   Ai, que cor mais estranha [ ]

b) O alegre beija-flor disse [ ]

[ ]   Ofereço a você todo o meu amor [ ]

c) A pequena flor suspira [ ]

[ ]   Que dia cheio [ ]

8 Com a ajuda de um adulto, tente resolver as adivinhas a seguir. Dica: todas as respostas contêm a letra **S** ou a sequência **SS**.

a) O que é, o que é,

Que se usa na cabeça,

Mas ninguém nunca sai com ele na rua?

Resposta: _____

b) O que é, o que é,

Que entra na água

E não se molha?

Resposta: _____

c) O que é, o que é,

Durante o dia anda na casa toda

E, à noite, se esconde atrás da porta?

Resposta: _____

d) O que é, o que é,

Que se quebra

Quando se fala?

Resposta: _____

e) O que é, o que é,

Tem pescoço e não tem cabeça,

Tem braços e não tem mãos,

Tem corpo e não tem pernas?

Resposta: _____

9 Com a ajuda de um adulto, complete a cruzadinha a seguir. **Dicas:**

- Em todas as palavras há **S** ou **SS**.
- Antes de escrever, conte o número de letras.

1. União entre duas pessoas.
2. Residência, lar.
3. O contrário de futuro.
4. Onde se assa alguma coisa.
5. Comunicação, ato de avisar.
6. Mistura de farinha, água e outros ingredientes.
7. O antônimo de solto.
8. O antônimo de relaxado.
9. Instrumento que corta.
10. Superfície onde se pisa.

Astaru/Shutterstock

10 Os parágrafos da história do patinho feio ficaram embaralhados! Veja:

O inverno chegou e o patinho, sem sua família para protegê-lo, escondeu-se dentro de um rolo de feno, esperando os dias frios passarem...

Assim, o pequeno patinho se viu cada vez mais solitário! Certo dia, decidiu ir embora daquela fazenda. Vagou por muitos dias e achava que nunca encontraria um lugar onde seria aceito.

No entanto, um cisne lindo o viu, aproximou-se e disse "Venha viver conosco, somos uma família!". Surpreso, o patinho olhou seu reflexo na água e compreendeu que na verdade não era um pato, mas sim um belo cisne!

Era verão, mamãe pata chocou seus ovos durante muitos dias e deles nasceram lindos patinhos! Só um deles, o último a nascer, era diferente, muito grande e desajeitado.

Então veio a primavera e o patinho finalmente saiu para passear. Avistou um lago onde nadava uma família de cisnes. "Como são bonitos!", sussurrou o patinho. E se escondeu para não ser visto, com medo de novamente ser rejeitado.

Ele ficou muito feliz e, no mesmo instante, juntou-se aos demais cisnes, agora sua nova família, sendo recebido com festa e alegria.

Os bichos que viviam próximo ao lago da fazenda comentavam "Que pato mais feio!". Quando mamãe pata saía para passear com seus filhotes, ele sempre ficava para trás, desprezado por seus irmãos.

(Da tradição popular, adaptado pelos autores.)

a) Com a ajuda de um adulto, numere os parágrafos na ordem correta.

b) Quantos parágrafos o texto tem?

_____

c) Reescreva os trechos de fala a seguir, usando dois-pontos e travessão.

> Um cisne lindo o viu, aproximou-se e disse "Venha viver conosco, somos uma família!".

_____

_____

_____

_____

> "Como são bonitos!", sussurrou o patinho.

_____

_____

> Os bichos que viviam próximo ao lago da fazenda comentavam "Que pato mais feio!".

_____

_____

_____

Com a ajuda de um adulto, leia o poema:

VOO

*V*oa, *V*oa

      passarinho...

*V*oa, *V*oa

      pro seu ninho...

Antes que o dia acabe,
antes que o sol se esconda,
antes que o mar se assanhe,
antes que vire onda...
~~~~~~~~~~~~~~~

(Nye Ribeiro. *Roda de letrinhas*. Campinas: Roda & Cia., 2004. p. 28.)

11 Com quem se fala no poema?

_____

12 Para onde o passarinho deve voar?

_____

13 Ligue as palavras que rimam:

PASSARINHO	ONDA
ESCONDA	NINHO
ACABE	ASSANHE

82

14 Leia estas palavras.

PASSARINHO	SEU
ASSANHE SOL	SE

Agora, separe e escreva as palavras que têm:

S no início	SS entre vogais

15 Forme novas palavras a partir da palavra **sol**.

_____

16 Forme novas palavras:

a) trocando a letra **o** da palavra **sol** por **a**: _____

b) trocando a letra **o** da palavra **sol** por **u**: _____

17 Forme novas palavras com as letras da palavra **passarinho**.

_____

CAPÍTULO 3 – VARIEDADES LINGUÍSTICAS – EMPREGO DE R/RR

Leia este poema, com a ajuda do professor e dos colegas:

Ornitorrinco

Bicho com bico de pato.
Pés de pato em vez de patas.
Bota ovos (como as patas)
Mas o bicho não é pato.
E tem rabo de castor
Esse bicho imitador!
Você acha que eu brinco?
Olha só o ORNITORRINCO.

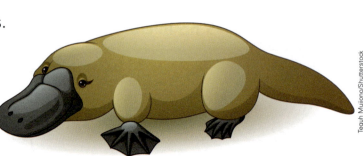

(Luiz Roberto Guedes. *Planeta bicho —*
Um almanaque animal. São Paulo: Formato, 2011. p. 17.)

1. Faça uma pesquisa sobre o **ornitorrinco** e depois responda:
   As informações que o poema dá sobre esse animal são verdadeiras?

   _____

2. O poema diz que o ornitorrinco não é um pato. Troque ideias com os colegas e, se necessário, pesquise: o ornitorrinco é uma ave, um mamífero, um réptil ou um anfíbio?

   _____

3. No poema, foram empregadas várias palavras com a letra **R**. Faça um círculo nas palavras em que essa letra aparece.

4. Escreva dois nomes de coisas:

   a) que começam com a letra **R**: _____

   b) que têm as letras **RR**: _____

5 Tente encontrar as respostas destas adivinhas:

a) O que é, o que é,

Que faz o mês de MAIO

Ficar maior?

_____

b) O que é, o que é,

Que se põe na mesa,

Corta, reparte,

Mas não se come?

_____

c) O que é, o que é,

Que sempre anda

Com um nó na garganta?

_____

6 Reescreva as frases a seguir, separando as palavras.

Dica: os desenhos que acompanham as frases mostram uma das palavras.

a) ACIGARRAESBARROUNAGARRAFAEDERRUBOUTODA AÁGUA.

_____

_____

b) ORATOCORREUBEMRÁPIDONARUADESERTA.

_____

_____

c) OCORALSEAPRESENTOUNOCORETO.

_____

_____

7 **Márcia Kambeba**, **Graça Graúna**, **Cristino Wapichana**, **Eliane Potiguara** e **Daniel Munduruku** são alguns escritores indígenas da atualidade. Veja a seguir os títulos de alguns dos livros que eles escreveram.

Agora resolva a cruzadinha a seguir para descobrir quem escreveu cada livro. **Dica:** antes de começar a preencher, conte as letras e tente encaixá-las.

8 Com a ajuda de um adulto, leia a placa abaixo. Quem vive na cidade de Porto Alegre, no Rio Grande do Sul, provavelmente sabe o que a placa quer dizer. Quem mora em outro lugar pode não saber o significado das palavras PIÁ e REFÚGIO nesta placa. Veja:

PARA BAIRRO PIÁ
USE O
REFÚGIO

Carolina Sartório/Arquivo da editora

PIÁ = NOME DE UM BAIRRO
REFÚGIO = ACOSTAMENTO

a) Conclua:

O que a placa de trânsito informa?

_____

_____

b) Em certas regiões do Brasil, a palavra PIÁ tem o significado de "criança". Escreva outras palavras que, em sua cidade, são usadas com esse significado.

_____

_____

9 Faça a correspondência correta entre as imagens e os nomes que cada uma tem em diferentes regiões do Brasil.

calçada

passeio

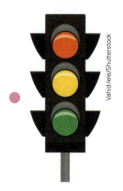

bolacha

biscoito

sinaleiro

semáforo

farol

sinal

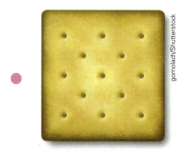

totó

pebolim

10 Circule, em cada grupo de palavras da questão anterior, aquelas que você usa.